西游记的故事

黑熊偷袈裟

（明）吴承恩 原著
北京金丁美奇动画有限公司 编绘

外语教学与研究出版社
FOREIGN LANGUAGE TEACHING AND RESEARCH PRESS
北京 BEIJING

AR

图书在版编目（CIP）数据

黑熊偷袈裟 ：汉英对照 ／（明）吴承恩著 ；北京金丁美奇动画有限公司编绘．— 北京 ：外语教学与研究出版社，2014.1
（西游记的故事）
ISBN 978-7-5135-3985-2

Ⅰ.①黑… Ⅱ.①吴… ②北… Ⅲ.①动画－连环画－作品－中国－现代 Ⅳ.①J228.7

中国版本图书馆 CIP 数据核字（2014）第 007712 号

出 版 人　蔡剑峰
项目策划　李彩霞
责任编辑　李彩霞　向凤菲
封面设计　覃一彪
版式设计　姚　军
出版发行　外语教学与研究出版社
社　　址　北京市西三环北路 19 号（100089）
网　　址　http://www.fltrp.com
印　　刷　北京利丰雅高长城印刷有限公司
开　　本　889×1194　1/24
印　　张　2.5
版　　次　2014 年 1 月第 1 版　2014 年 1 月第 1 次印刷
书　　号　ISBN 978-7-5135-3985-2
定　　价　18.80 元

购书咨询：(010)88819929　电子邮箱：club@fltrp.com
如有印刷、装订质量问题，请与出版社联系
联系电话：(010)61207896　电子邮箱：zhijian@fltrp.com

物料号：239850001

我们的故事从小猴王大闹天宫之后说起。闯下大祸的孙悟空受到惩罚，被压在五行山下。

500年以后，唐僧路过五行山，救出了孙悟空。为了报答唐僧，小猴王拜他为师，保护他去西天取经。

在路上，他们遇到一条小白龙，孙悟空降服了它，让它变成一匹白马，给唐僧骑。

唐僧师徒一路西行。这天，他们来到一座寺庙——“观音禅院”。

走进禅院，安顿好师父，孙悟空就到院子里跟小和尚聊天儿。

悟空偷偷把师父的袈裟拿了出来。和尚们一看，哇！金光闪闪，真是个宝贝！

袈裟（jiāshā）：和尚们在重要场合穿的衣裳。

一个老和尚起了贪心，夜里偷走袈裟，藏了起来。

没想到，后半夜庙里进来个大黑影子，悄悄溜到老和尚的房间，偷走了那件宝贝。

唐僧一觉醒来，整理行李，发现袈裟不见了。孙悟空心知不妙，但还是赶忙安慰师父。

他在院子里问了一圈儿，打听出附近的黑风山里有妖怪，心想：十有八九是让妖怪偷走啦。

妖怪
monster

孙悟空驾云来到黑风山，
在半山腰上发现了三个妖怪。

BIRTHDAY PARTY

只听穿黑袍的妖怪说：“哈哈！我正要给自己办一个盛大的生日晚会！这宝贝就算是送给我自己的生日礼物了！哈哈哈！”

孙悟空一听，顿时火冒三丈。他纵身跳下来，举起金箍（gū）棒，朝妖怪们扫了过去。妖怪们撒腿就跑。

悟空顺着山路搜寻，看见一个大山洞，洞口上方写着“黑风洞”。

黑风洞
快开门！
Open the door!

黑袍怪一溜烟儿跑回洞里，还没定下神来，就听到外面的撞门声。

他拿起家伙就带领小妖们冲到洞外。

你是谁？
Who are you?

我是齐天大圣
孙悟空。快还我袈裟，
我就饶了你！

我当是谁呢，
原来是弼（bì）马温啊。

孙悟空举起金箍棒，跳过去就打。两个人一来一往斗在一处。

几个回合后，黑袍怪忽然用手里的家伙架住了金箍棒。

黑袍怪卷起一股黑风就钻进洞里去了。

孙悟空一个跟头回到禅院里，对唐僧说："师父放心，袈裟已有下落，下午我就把它取回来。"

孙悟空又回到黑风山。途中看到一个小妖正往山下跑，手里抱着个木头匣子。他跳到小妖跟前，小妖吓得扔下木匣子，跳下山崖不见了。

悟空打开木匣，发现有一封请帖，原来是黑袍怪邀请山下的老和尚来参加生日晚会。

对！我就变成那
老和尚的模样，混进黑风
洞里，取回师父的宝贝。

孙悟空变成老和尚，
向黑风洞走去。

听说山下的老和尚这么快就来了，黑袍怪心里觉得奇怪，他赶紧把袈裟藏了起来。

长老，生日大会是两天后，你怎么现在就来啦？
听说您得了一件宝贝袈裟，我想来先睹为快啊。

正在这时，那个送请帖的小妖跑进洞来。

黑袍怪一听就明白了，急忙抄起家伙，朝假和尚冲过来。

孙悟空也变回了原形，飞身出洞。两个人又打开喽！你来我往，“乒乒乓乓”，一直打到太阳下山，还没分出胜负。

黑袍怪终于累得打不动了，就叫了一声“停”，然后又变成一股黑风逃回洞里去了。

孙悟空没办法，无精打采地回到了寺庙。

一看孙悟空又空着手回来了，唐僧急得眼泪“哗”地流了出来，在屋子里直转圈儿。

第二天太阳刚露头，孙悟空就驾着筋斗云来到了南海。

见悟空认错了，菩萨就跟着孙悟空朝黑风山腾云而去。

刚到山前，他们就看见那个穿黄袍的妖怪捧着一个盒子正往山上走。孙悟空举起金箍棒跳上前去，吓得黄袍怪丢掉盒子逃下了山。

打开盒子，见里面有两粒仙丹，孙悟空乐啦："菩萨，我变成仙丹，您变成黄袍怪，去给黑袍怪送礼，如何？"

你这猴子，尽出怪招。好，咱们就变上一变。

孙悟空拿起一粒仙丹，往嘴里一塞，转眼就变成了一粒大仙丹，蹦进了礼品盒。菩萨变的假黄袍怪捧上礼品盒，就去见黑袍怪啦。

摇！摇！变！
Shake! Shake! Change!

黑袍怪见有人抱着礼物来，高兴极了。假黄袍怪赶紧送上仙丹。

黑袍怪拿起大仙丹就往嘴里放。还没等他往下吞，“咕噜儿”一声，那粒仙丹就进了他的喉咙，又一“咕噜儿”，就进肚子里啦。

孙悟空一进到黑袍怪的肚子里，就左右开弓，上下翻腾，耍起了猴拳。

黑袍怪疼得满地打滚，一会儿就现了原形，原来，这妖怪是一只大黑熊变的！

熊
bear

还不交还
唐僧的袈裟！
哎哟！哎哟！
我交，我交。

孙悟空从黑熊怪的鼻子里蹦出来，挥起金箍棒就要打。观音阻止道：“悟空，他已知错，不可伤害他。就让他跟我回去，做个守门的卫士吧。”

悟空谢过观音，带着袈裟，兴高采烈地往回赶。

一看袈裟找回来啦，唐僧大喜。

第二天天一亮，他们就起身，高高兴兴地上路了。

走着走着，前边儿又有事儿啦！什么事儿呢？请看下一个故事……

想一想，说一说：

1.唐僧的袈裟最初是被谁偷走了？

2.孙悟空是用什么方法把师父的袈裟取回来的？

3.你能把“黑熊偷袈裟”的故事讲给别的小朋友听吗？

小提示：

卖弄、炫耀会给自己惹来麻烦；

不经过允许就把别人的东西据为己有，是不对的。